짝사랑은 아닌가봐

열린시학 기획시선 65

짝사랑은 아닌가봐

방지원 시집

고요아침

■ 시인의 말

어느새
타인의 대문 밖처럼 내다보이는
턱을 괸 먼 길
빽빽이 들어찬 가로수
꽃길 그 사이로
언뜻 언뜻 보이고 들리는
참을 수 없이 화려한 선율
영혼을 기울인 열정
고집스런 감사가
햇살 갸웃한 3인칭의 길을 간다
아직 그림자 선명한

네 번째 시집을 묶습니다.
귀한 해설을 써주신 허형만 교수님, 늘 지켜봐주시는 김송배 교수님, 졸시를 영역해주신 박방정 사돈님, 사랑하는 가족과 문우들께 감사를 드립니다.

2012년 9월
방지원

■ 차례

05 | 시인의 말

제1부 까치 소리

12 | 바람의 얼굴로

13 | By the Face of Wind

15 | 까치 소리

16 | The Cry of Magpie

18 | 유리상자

19 | A Glass made Box

20 | 봄날

22 | 사무친다는 것은

23 | 괜찮아!

24 | 천지에 바닥 아닌 것이 있는가

26 | 거울

27 | 반음계

29 | 줄광대

31 | 누드김밥

32 | 가벼워짐에 대하여

34 | 그림 맞추기

제2부 동그란 구속

36 ㅣ 관계
37 ㅣ 눈썹
38 ㅣ 특별한 정류장
40 ㅣ 역방향
41 ㅣ 좀비
42 ㅣ 허상
44 ㅣ 벽을 넘어서
46 ㅣ 퇴적암
47 ㅣ 달무리
48 ㅣ 허무한 것들에게 바쳐지는
49 ㅣ 라일락
51 ㅣ 일벌
52 ㅣ 그대 잠을 자는가
54 ㅣ 반달
56 ㅣ 조금씩 느슨해지는

제3부 숲속 편지

58 ㅣ 상사화
59 ㅣ 숲속 편지
60 ㅣ 홀씨
62 ㅣ 섞어찌개
63 ㅣ 우물
64 ㅣ 옷걸이
65 ㅣ 제로점
67 ㅣ 억새밭
68 ㅣ 돌풍
70 ㅣ 유월
71 ㅣ 컴퓨터
73 ㅣ 그러니까 그게 마지막이었네
74 ㅣ 문신
75 ㅣ 소 울음
77 ㅣ 장성한 아이
79 ㅣ 잠 속의 잠

제4부 전설을 그리다

82 | 포도를 그린다
83 | 나두 그런 적 있는데
84 | 3인칭
86 | 접시를 버리다
87 | 아버지의 라디오
89 | 춘분
91 | 넥꾸다이
93 | 엄니
94 | 볏짚 태우기
96 | 담배
97 | 초승달
98 | 짝사랑은 아닌가봐

제5부 작고 여린 것들을 위한 발라드

- 102 | 질마재 길
- 104 | 작고 여린 것들을 위한 발라드
- 106 | 분홍빛 전율
- 107 | 무성영화
- 108 | 정박
- 109 | 푸른 다리
- 110 | 메콩강 사람들
- 111 | 편백나무
- 112 | 아마도 그들은
- 113 | 횟집 아이
- 115 | 태양의 여백
- 116 | 통곡의 벽
- 118 | 푸른 눈동자
- 119 | 날마다 나의 피와 살과 정신을 온전히 나라에
- 124 | 수도여고 졸업 45주년 축제에
- 126 | 성모성월의 기도
- 129 | 주님 오시는 날

- 134 | 해설_존재 탐구, 그 성찰의 깊이(허형만)

제1부
까치 소리

바람의 얼굴로

꽃을 꽃이게 하시고
나무를 나무답게 일으키시는
여린 풀들을 일찍이 눕혀
꺾이지 않게 하시는
그분께 노래를 드리네

누구나 빛깔 다른 바람 한 점씩 지니고 살지
세상이 온통 바람이어서
바람인줄 모르는 것들의 속살을 보네
우주가 길들여진 노래를 부르고
별들은 평화의 춤을 추네
그분의 속을 어찌 알겠나
매달린 낭떠러지와 눈 녹는 평원
치솟는 바다와 손을 놓친 눈물과 비와
알고 보면 모두를
바람의 몸짓이게 하신 것을

By the Face of Wind

I hereby tribute this song to whom done

That flowers supposed to be flowers

Raised the trees just like trees

Laid the young grasses in early time not to be bent.

Whom so ever lives with a blow of wind

In different colors.

Wind is all over the world.

So the world is full of wind everywhere

That I see those inner flesh that is puzzling.

Universe sings a well trained song,

Stars are dancing in the name of peace.

How I know of his inner most heart.

A cliff hanging down

A plain covered with melting snow

The ocean shoots into blue

And tears and rains in losing of hands

That all of those has been done by him

Just to be a gesticulation of wind
If we could see well enough to know.

까치 소리

두물머리에 나가 보았네
할 말 많이도 남겨놓고
이만 총총 가버린 사람
눈부신 물비늘 속에 숨었는지, 감감
강은 늘 한 문장이네

편백나무 훤칠한 산속이거나
솔잎 다보록한 숲길에 들면
소스라치게 들리던 하늘 높은 소리
용케 미리 당도한
그의 안부라 믿었네
한 가지 언어만 알던

언제부터였나
그를 늘을 수 없는 것이
물비늘도 햇살 비끼면 더 곱고
멀어진 그리움은 더 화사한가
문득 생각이 삐죽한 날
그 소리 찾아 나서보네

The Cry of Magpie

I went out the river point that is joining one another.
Leaving so many words to say
The man gone away in haste.
Vanished as if he might have hidden
Under the dazzling scales of wavelets,
River is in a single sentence as ever.

Somewhere inside of mountain with the aged
Pine trees of dashing figures,
Came in a forest lane laid out with tufty fallen leaves,
A high tone from the sky startlingly heard
Believe it to be his inquiry after me
Dexterously reached in advance
That has known only the word spoken by him.

Since when
Something I could not hear of him.
The scales of wavelets looked even more beautiful

When sunshine steps aside,

Why a yearning gone at a distance

Looks even more splendor.

Unexpectedly on someday with my sharp notion

I went out to seek for the tone.

유리상자

내가 들리나요?
당신을 기다릴 겁니다
간절한 손짓, 눈빛
차창을 사이에 두고
두 사람의 수화手話가 바쁘다
세상 안팎의 소리를 모두 비운
절벽의 고요
늘 그의 눈빛에 나를 맞추고
손가락 위에 서로의 가슴을 동여맸다
그의 창이 달리기 시작하자
그녀의 젖은 손가락들도 함께 뛴다
방언도 미사여구도 없는
손마디 굵어진 말들이 우직하게, 우우
공중에 흩날린다

A Glass made Box

Do you hear me?

I'll wait for you.

Earnest motion of their hands and cast of their eyes

Either persons finger languages

Are getting busy through the car window.

A silence in the cliff

That emptied up all the sounds

Of ins and outs of the world.

I always keep focused on his cast of eyes,

Either person's breast were

Tightened up upon fingers.

Soon as the window run,

Her wet fingers jumped up in all none of

Local dialects nor florid languages.

The languages with thickened finger joints

Are getting tactlessly Oh, Oh,

Scattered about in the sky.

봄날

사람이 세상을 떠나도
천지를 들썩이며 꽃은 피네
뜨거운 손 잡아주지 못했음을
어눌한 언어로 후회하네
계절의 변화는 얼마나 축복인가
나무들 움트는 소리에 묻혀 휘휘
세상은 그냥 지나가고
산발한 바람
바짝 마른 가슴팍을 헤집어
끝나지 않을 겨울을 고집하네
작은 풀꽃 목숨 껴안고 뒹구는
신열 오른 태양을 어쩌나

흐드러진 목련 아래 친구들
환하게 사진을 찍네
꽃을 닮아
몸 속 깊숙이 꽃기운을 들인
목련 가지 하나

빈자리 그의 이름으로 서서
까르르 먼저 웃네
고마운 봄볕을 두 손으로 받네

사무친다는 것은

맘속에 고개 외로 꼬인
사람 하나 품고 사는 일이다
뼛속 깊이
혈관 속까지 차지하고 들앉은
그를 생각하는 일이다
온종일 미동도 않던 혀가
느닷없이 굴러
미음(ㅁ)으로 멈추는 추상명사
그리움 설움 외로움
군내 나는 입 우물우물
온몸 뾰족이 가시 돋우어
박하 향 피워 올리는 일이다
넝쿨장미 유난히 붉은 날
초록이 무성한
굴참나무 그늘에 서는 날
편두통 앓는 일이다

괜찮아!

그동안 하늘을 보며
수없이 반성문을 고쳐 썼지
세상보다 높이 성을 쌓고
여린 심장에 빗장을 걸었던 일
우두커니 온종일 들판에서
화들짝 낭비한 무거운 시간들
사랑 받기에만 익숙했던 일
가끔 '아니오'를 삼켜버린 일
막달라 마리아의 열정이 부러워
전율처럼 부끄러웠던 일
늘어가는 주름살을 용납 못하는 일
슬프도록 아름다운 추억을
속절없이 사라지게 만든 일
시다운 시 한편 쓰지 못한 시인
모두를 끌어안고 그 무게 주체 못해
좁다란 어깨 헐렁하게 기울여
괜찮아! 괜찮아! 쓰다듬는
햇볕 따뜻한 날

천지에 바닥 아닌 것이 있는가

땅에 손을 짚고
출발신호를 기다릴 때
오히려 차분해진다는 달리기 선수들
있는 힘을 다해 땅을 차는 마찰음
목표는 오직 거기
바닥은 바닥에서 자유롭다

아들은 자라면서
발을 땅에 꼭 붙이고 힘 있게 세상을 살라는
한 자 한 자 또박또박
아버지의 마지막 말을 기억한다
그것이 바닥인 줄도 모르고
그것이 꼭대기인줄도 몰랐던 아이는
바닥과 꼭대기가 항상 함께 있었음을
천천히 안다
겸손한 무릎 저림도 나중에 깨닫는다
하늘을 우러르는 것들은 땅에서 납작하다
부푼 풍선 밑일수록 낮아지거라

바닥에도 계단이 있다
천지에 바닥 아닌 것이 있는가

거울

긴팔원숭이는
거울 속 긴팔원숭이를 두려워한다

웃고 울고 불같이 화를 삭이는
꼭 닮은 또 하나의 그

부서질 듯 여린 가슴과
목마른 세상과의 뜨거운 사랑
품으려다 멈칫 놓아버린 높은 산
그 소중한 그림자를 공유하는

긴팔원숭이는
거울 속 긴팔원숭이를 사랑한다

반음계

언제부턴가 가슴에 임시기호를 달았다
반음 올림 혹은
반음 내림표를 붙여
엉거주춤 달큼한 억지 화음

돌아보면 세상은 반음계 천지
산새의 노래
꽃들의 웃음
마음 여닫는 소리까지
조금은 더 아름답거나 아니거나
활활 태울 수도
덜 태울 수도 없는 미적지근한 묘한 열정
비릿한 구역질을 다스린다

또각또각 대리석 계단을 오르던
온음계의 발자국소리를 기억하는가
멀찌감치 애틋한
너와 나의 절름발이 운율은

삐꺼덕 성당 나무계단처럼
하늘 껴안은 종소리를 기다린다
반음 높은

줄광대

바람과 맞서 내려주신 말을 달렸다
초원이 되고 없던 길이 생겨났다
그 길은 늘 피가 맺혔지만
기진하여 아픈 줄도 몰랐다
때로는 절벽을 오르며 발을 헛디뎠다
천지에 피붙이 같은 친구
분홍빛 손부채는 아무도 말해주지 않는
아슬아슬 세상의 기준을 잡아주지만
세상은 가끔씩 마음대로 출렁였다

팽팽하게 긴장하는 하늘
삼 센티 굵기의 동아줄 위를 사뿐 날아
한 바퀴 돌며 허공잡이로
조마조마 입 벌린 아래 세상을 소스라치게 했다
엉덩이가 터져 선홍빛 피가 흘러도
재담과 풍자로 웃음을 흩날렸다
줄 한가운데서 태풍을 만나도
단호하게 되돌아가라고 말해주는 이는 없다

접신의 경지에 이르러야 두려움이 없어진다고
수없이 떨어지는 연습을 했다
하지만 항상 허공이 두려운 어름사니
줄에 그가 안기는 것이 아니고
줄이 그에게 안겨야 진정 줄광대라고
그는 홀로 마음을 세운다

누드김밥

눈부신 유리문 안에 누워
알몸으로 햇볕을 받는다
검은 깨 몇 알 얹고
부끄러워 눈감은 속살
흘끔흘끔 군침 도는 눈빛이 여럿이다

비행기 탑승객들이 인체 투시기를 통과한다
뼈가 훤히 드러나고
숨겨진 것들이 들통 난다
다행히
깊숙이 구겨 넣은
내밀한 생각들은 용케 들키지 않는다

가려진 것과 드러난 것
겉이 달라도 품은 속이 같으면
맛은 모두 같다
껍데기 차이 일뿐

가벼워짐에 대하여

TV 리모컨을 몇 시간째 찾는다
아침 동선을 더듬어 샅샅이
냉장고, 분리 배출통, 크고 작은 서랍을 수색한다
길고 검은 막대가 사방 붉은 허공을 교란시킨다

잊어버린다는 건 얼마쯤의 다행한 일이다
가득했던 몸 어디쯤이 뭉텅 앙상해지면
곧 무언가로 슬며시 채워지기도 해서
가벼워짐을 두려워할 필요는 없다
부모를 대성통곡하는 산에 묻고 내려와
꾹꾹 밥을 먹고
삼우제 날엔 립스틱도 엷게 바르고
오랜만에 만나는 사람의 이름을
잘 알던 꽃과 나무를
시인의 쌉쌀한 어휘를
하늘이 노랗던 통증의 기억을 변명처럼
깜깜한 갈피 속에 묻어버렸다
늘어나는 목록에 그의 이름도 들어갈까 겁이 난다

꽃이 지는 타인의 창을 지나며
세상은 가물가물 그림자 없는 그림을 그리고

그림 맞추기

뒤엉킨 안쪽의 납작한 기억들이
그림 맞추기 놀이를 한다
크고 작은 그림조각들
정해진 폐곡선 속을 이리저리
어눌한 언어로 제자리를 비집는다

드디어
그림 속 큰 새가 눈을 뜬다
비상을 원하는 그에게
얼른 날개를 달아주었다
깊고 푸른 하늘을 향해 날아오른다
옹색했던 자리에 깃털 몇 개 남기고

넓은 세상을 날거라
팽팽하고 아린 줄을 놓는다
새장은 만들지 않기로 한다
새들은 돌아올 수도 아닐 수도 있다
끊임없이 밑그림 판은
금빛 조각기억들을 맞춘다

제2부

동그란 구속

관계

뜨개질을 한다
겉뜨기 안뜨기 꽈배기뜨기 한 코 건너뜨기
그물뜨기로 나풀나풀 장식도하고
늘이고 줄이고
계획은 처음부터 없기도, 있기도 했다
마음에 안 들면 확 풀어 다시 뜬다
모양은 고쳐지지만
한번 꼬인 실은 자국이 남는다

성글게 떠야 따뜻하다지만
끝내 촘촘한 바늘잡기로 돌아오는
서투른 뜨개질
곱게 우직하게 때론 여우볕처럼
꼭 맞는 뜨개질은 어렵다
안과 겉이 고루 매끈할 때도
아닐 때도 있다
몇 코 빠진 줄 모르고 열심히 뜨다보면
여기저기 예쁜 무늬가 생겨
예상 밖이 될 때도 있다

눈썹

두 눈 위에 드리운 차양
그림문자[眉]는 어쩜 그렇게 합리적인지
억만 사람 얼굴에 맞춰
각양각색의 멋들어진 조화
가지런하고 숱이 많아야
형제 우애가 깊다고
행여 꿈에라도 빠지지 않도록
늘 반질하게 매만지시던 어머니

항암주사를 맞는 그의 눈썹은 민둥산이다
문둥이 얼굴로 사막을 걷는다
눈이 오면 눈을 맞고
비가 오면 비를 먼저 맞아줄 처마가 없어
공포와 외로움은
곧바로 얼굴을 타고 내려
푸르고 여린 심장에 박힌다
어딘가에 있을 오아시스를 더듬어
눈썹을 심는다

특별한 정류장

여보시게 그거 아시나?
아주 특별한 정류장이 있다는 거
아무도 언제
그 곳에 도착할지는 잘 모른다네
잠시 앉았던 자리에
꺼풀만 연기로 남는다네

느리게 또는 빠르게
계절은 발자국소리를 내네
행여 특별한 그 곳인가 싶어
소스라쳐 벌컥벌컥 물을 마시며
불면의 밤을 지내는 사람도 있다네

일곱 살 아이가 막 그곳에 도착했네
얼마 머무를 새도 없이 빠르게
허공으로 흩어지네
팔랑팔랑 새처럼
어미를 앞질러 날아가네

핏빛 절벽 끝의 산발한 어미는
갈피갈피 산골짝 안개 속으로
아이를 배웅하네

역방향

제일 빠르다는 기차를 타고
힐끔 마주앉은 이의 눈치를 살핀다
우린 곧 서로에게 투명인간
늠름하게 상관없는 표정으로
우리의 건조증을 가늠한다
'나는 지난여름 네가 한 일을 다 안다'
영화 제목처럼
앞 사람이 휘딱 보고 지나친 풍경을
휑한 등허리로 맞이하는
여백의 풍요로움, 들숨이 깊다

쏟아져 닿는
종착역에선 모두 앞만 보고 걷는다
자주 말씀을 거스르는 일이 있었다
그땐 꼭 그길 밖엔
멈칫멈칫 돌아서는데 꽤 오랜 시간이 걸렸다

좀비

남의 단단한 살갗을 뚫고
빛깔 화려하게 다시 피어 오른 몸
억눌렸던 말들이, 휘청휘청
키가 껑충한 상흔傷痕
터질듯 부푼 열정을
더위와 추위를 안으로만 다독여
늘 왼손에 무지개를 두르고
두려운 세상과 마주 섰던

오랜 것일수록
겉으론 단단하고 반들거려
여리고 붉은 속살의 소리를 아무도
분명히 들을 수가 없었지
이젠 오른 손을 내밀어도 된다네
세찬 길 위의 비 그치고
하늘이 조금씩 벗겨지고 있지 않은가

허상虛像

그럼 이제껏 모두 허상이었나
볼록렌즈의 조화로 넉넉해진 시야
미미한 언어들이 뿌옇게
아득한 진통 속에서 눈을 부릅뜨네
마음 갈피도 느슨해져
다가오는 것들의 심장을
넉넉하다고만 믿네
어머니는 내가 처음 돋보기를 챙길 때
벌써! 큰일이라며 언짢아하셨지만
질깃한 시간 내내 살붙이 동거였다네

컴퓨터 자판 두드리는 손등 위에
열정의 힘줄들이 불끈 선명하네
렌즈 너머로 토해낼 말이 아직 많아
말풍선처럼 부푼 가슴을 가진 이가 좋았었지
또 무언가의 허상을 보기 위해
안방에 거실과 주방에 자동차에 돋보기를 두네
21그램 영혼 무게만큼의 것을 골라

연두의 봄날 소실점 밖으로 나앉은
문득, 나는 누구인가

벽을 넘어서

커다란 벽에 검은 점 하나 찍고
충혈된 눈빛으로 벽을 뚫는
차츰 커진 동굴 속으로 사라지는 사람들
가부좌 틀어 마음을 다스린다는
스스로 갇힌 부동의 섬
살아온 날들을 낱낱이
눈물로, 때론 미소로 일으켜 세우는
겹겹이 몰인정한 피안
태어나지 못한 말들은
우주 어디쯤을 헤매다
무수히 서로 엉켜 민망해 할지도 모르지

벽을 향해 벽이 된
길 떠남의 방식
바람을 닮지 않은 듯 닮은
끈적끈적한 체취
존재와 부재의 갈림을
그는 억지로 아름답다고 한다

벽 속엔 그의 나라로 가는 길이 있고
검은 점 속에 그가 앉아있다
훨훨 그는 자유를 얻었을까

퇴적암

켜켜이
철석으로 굳은 언어가
참을 수 없는 침묵을 견디네

속 모르는
말간 물속의 입 다문 중생대
수 억 년 꽃단풍 피고 지며
갈피갈피 세월 한 금씩 새겼네
스스로 서러워진 흔적들 대신
바다는 번쩍 절벽을 들어올려
뒤적뒤적 입 가려운 시간들을
햇볕에 말리네

잠시 뒤를 보네
어느 틈에 당신과 나의 얼굴이
알 수 없는 문장으로 포개지려하네
남은 시간이 별로 없어
서둘러 고쳐 적어야하네
하지만 꼭 맞는 말은 끝내 찾을 수가 없네

달무리

희부연 눈에 띠를 두르고
윗마을에 보내는 아득한 세레나데
철 지난 나뭇가지의 작은 새와
저만치의 달맞이꽃과
혼자 깊어가는 강물
아래 있는 것들은 키가 작다

오직 높은 곳을 향한 손들의 긴 허우적임이
다독다독 용납되는 푸근한 품
텅 빈 밤하늘
유영하던 시선들 한곳에 모여 다행스레
스스로 갇히는 동그란 구속

공연히 헛헛한
차츰 납작해지는 작은 풀꽃들
내일은 비가 올 거라고
한바탕 맺힌 것 풀리려나

허무한 것들에게 바쳐지는

비 오는 밤에 낙엽을 줍는다
바람에 쫓겨 알록달록, 구멍 뚫린
한 생애 뜨거웠을 몸
어디로 갈 생각이었을까
그 몸을 받으며 어리석게도
비로소 가을에 감사한다
내려진 것은 아름답다
애써 불붙게 했던
허무한 것들에게 바쳐진 지순한 사랑
막연한 슬픔과도 길게 혼동되는

지하철 옆 자리의 젊은 여인이
안경 밑으로 자꾸 눈물을 흘린다
조붓한 어깨 그녀의 낙엽이 보인다
어떤 풀숲에서부터 바람은 시작됐을까
긴 노선의 어디쯤 그녀가 내린다
그래도 따스한 달빛이 동행하겠지
사붓사붓 낙엽을 밟다가 혹시
화들짝 위로를 받을 지도 몰라 '

라일락

영화 '그대를 사랑합니다'
노년 배우들의 끈적한 사랑 연기
나이만큼 깊어진 그들의 겨울
사랑하는 사람과의 사별, 관객들은 운다
곧 우리 일이라고 누군가 말한다

보청기 낀 나무들이 팔을 들어
다시 봄을 부르고
계절은 서서히 움을 틔운다
버릇처럼 누구를 그리워하는 봄
여기저기 터져 나오는 참았던 노래 소리
허할수록 나무는 튼실한 꽃대를 세우고
마른 가지는 더 진한 향기를 피우겠지
하지만 오랫동안 찬바람에 절어
천근 무거워진 팔을 어디쯤
덜커덕 내려놓을지도 모르지
꽃샘바람 자면
모자에 꽃을 꽂아도 될까

보랏빛 벤치와 연못과 편지와
목이 긴 향내 아직 거기 고여 있을텐데

일벌

휴일 반납은 예삿일이었다
넥타이 맨 채 잠이 들고
식빵 한쪽 우물거리며 자동차 시동을 거는
오직 일을 위해 살던 그는
자타가 공인하는 모범 사원
단상에 올라 명예로운 상을 받고
눈물 글썽이며 행복했다
생명과 바꾸는 일인 줄도 모르고

때죽나무가 커다란 몸을 마구 흔들어
작고 흰 꽃을 소복이 뿌려놓으면
벌들은 마음이 먼저 바쁘다
날갯짓 잦은 벌의 꿀은 더 달다고
그래서 때죽나무 꿀은 인기가 있다

그대 잠을 자는가

기차 바퀴에 감겨 점점 멀어지는
아득히 기분 좋은 세상
순도 높은 참을 수 없는 본능
어렴풋이 할머니를 만난다

뒤뚱뒤뚱 할머니 흰 고무신 타고
옥양목 적삼 등허리로 전해지던
자장자장 우리 애기 잘도 잔다 자장자장
웅얼웅얼 반복되는 멜로디
높낮이 구분 없던 자장가를
어느새 손자 업고 내가 부른다

예전 시험 때는 잠을 쫓는 약도 먹었다
잠이 안 와 뒤척이던 밤도 많았고
또 어느 땐 영영 깨어나지 말았으면 할 때도 있었다
그때마다 들리던 거역할 수없는 음성

그대 또 졸고 있는가

그대 아직 깨어있는가
그대 벌써 오래 자려고 하는가

반달

어쩔 수 없는 곳에 들러
반 토막 탯줄을 끊었네
붉지도 푸르지도 않은 옷을 걸치고
한 눈 질끈 감을 수밖에

들여다보이는 반 틈의 뜰엔
눈동자 까만 새끼들 먹이느라
진종일 붉힌 어미 새의
노곤한 눈꺼풀이 있네
조금씩 다가서는 소리를
가물가물 차라리 모른 척 하네
새끼들 배부르면
거꾸로 매달려도 좋은 어미 새의
그 안쓰런 등이 보이네

뜨거운 가슴을 들어내지 못하고
매번 문을 닫아주고만 나오네
말없이 깊어지는 숲에

축축한 바람이 다가오네 훅!
참았던 숨을 토하며 갈 길을 잃네

조금씩 느슨해지는

유리창을 닦아
몇 개의 하늘을 만드네
모두가 차갑게 또렷해서
아무것도 숨지 못하네
구름도 햇볕도 어제 것이 아니네
흩어진 이름들은 다 어디로 갔는가

건너편 화단의 칸나가 왈칵 붉네
짙푸른 열정을 쏟아 붓던 그 때처럼
하지만 그대는 짐작하는가
다시 창틀에 먼지가 끼면
조금씩 느슨해질 우주의 떨림을

제3부

숲속 편지

상사화

꽃이 핏빛으로 붉어
잎은 더욱 짙푸른가
생전 보듬을 수 없는 사랑

젊지도 늙지도 않은 나이, 그는
아내의 사진을 이불 속에 품고 잔다
누웠던 자리, 섰던 자리에
아내가 갑자기 없다
햇살이 쏟아져도 비가와도
도무지 화가 치미는 세상은
어쩜! 제멋대로 잘도 굴러가고 있다
그들이 비늘 줄기를 곰살궂게 세울 때부터
아슬아슬 불안해하던 이웃들
그가 선잠 깬
사진 속 아내에게 아침인사를 한다
잘 잤어?
가만가만 꽃이 피고
잎이 함께 돋는 소리

숲속 편지

바람이 이렇게 단맛인줄 몰랐습니다
여백 없이 숨차고 메마른 세상을 사는 동안
몸을 아꼈어야 했는데
굴참나무 신갈나무 쪽동백 층꽃
처음 듣는 이름의 꽃과 나무들과
점잖은 산이 차례로 반겨줍니다
숲 속에 길을 내고
사랑하는 이들의 이름을 붙여봅니다
계곡에선 어릴 적 친구들 멱 감는 소리가 높고
눈부신 햇살 저쪽 어머니가 보입니다
날마다 다녀가시는 은혜로운 손길에
차츰 나무처럼 살이 오르고
날개가 곧 돋으려나 봐요

그리움에도 더하고 덜함이 있느냐고 묻던
그 사람 문득 숲으로 갔습니다
숲길에 목숨을 걸어놓은 그에게
그리움 더한 답장을 보내야겠습니다
간절한 침묵으로

홀씨

변명처럼 곧 바람 불어와
등줄기의 비늘을 일으켜 세우네
늘 날개를 퍼덕이고 싶은
허기진 깃털
바람 주머니를 달고
내려주신 곳에 터를 잡네
무성생식無性生殖
외로움을 모르는 것은
오히려 잘 된 일이라네
곧게 허리를 펴네
어여쁜 어미는 어미의 어미가 되고
참을성 깊은 어린 것들
어느새 한 살이 뼈대가 굵어
먼 비행을 준비하네
꿈은 크게 꿀수록 좋다네
이제 우리 곧 손을 놓아야하네
다시 광활한 하늘
알 수 없는 곳을 향하여 불끈

키가 훤칠한
푸른 홑씨를 낳네

섞어찌개

강남 아파트 입주가 한창일 때
신사동 굴다리 근처
섞어찌개 집은 유명했지
고기와 채소 해물을 마구 함께 섞어
자랑스럽게 소문내던 오묘한 맛
서서히 끓기 시작하면
가슴과 가슴이 어우러지는 깊숙한 냄비
부글부글 이야기가 이어지고
한사람쯤 얼얼한 자리를 비워도 모르는 중독
화산처럼 넘쳐 졸아붙을 때까지
너와 나를 쏟아 붓고 수저 부딪히며
우린 걸쭉한 한통속
그 국물 식을 때쯤이면
저마다의 허공에서
목마름이 화산재처럼 내려앉았지
세상이 단출 했었나
예전 할머니 좋아하시던
바특한 조치 뚝배기엔 조기만 들었었는데

우물

끝내 못한 말 하나 우물에 던져 넣고
급하게 물 한 바가지 퍼올려
목을 축인다
점점 목마른 말이 쌓이고
물은 조금씩 더 깊어진다
그 말들이 서로 얽혀 우렁우렁
자신들의 사순절을 이야기 한다
갈증을 인내하는
사마리아 여인

시골에 간 아이는
쪼그려 앉아 바가지로 물을 길었다
천천히 솟는 샘물이 재미있었다
그 속을 향해 소리를 보내면
동그랗게 웃는 얼굴이 대답을 했다
조용한 물속의 하늘은 맑고
진초록의 이끼와 작은 풀꽃은 고왔다
그 곳에선 누구든 마음을 내린 만큼
샘물을 길어갔다

옷걸이

그녀의 옷걸이엔
늘 겨울 점퍼가 걸려있다
여름에도 다스리지 못하는 한기
계절을 다독이는
묵직하고 포근한 품을
미처 빠져나오지 못한
팔 한 짝 그 틈새로
바삐 걸어놓은 옷 주인의
던져진 시간들이 잠시 여유를 찾는다
수많은 세상의 체취와 표정이 얹히는
말간 눈의 키가 큰 다리 아픈 하루

자주 편히
옷을 벗고 쉬시오
급히 달려 나간 허한 향기 안에서
그녀의 행방을 가늠한다

제로점

한 점에서 출발한 길들은
무수히 사이 길을 냈다
저마다 내려주신 이정표를 달고
표표히 길을 갔다
문득 현기증 심한 거리를 만나
서둘러 돌아서는 하얀 골목
하느님은 또 무얼 깨닫게 하시려는지
아무것도 모르고 와서
다시 머리 두고 서둘러 떠나는
시작이며 끝인 그 곳

수억만 년 전
우주의 어느 곳을 출발한 별들이 도착해
지구의 순간을 스쳤다가
서둘러 빛을 숨긴 반짝임처럼
훌쩍 어딘가로 스며든 사람들
모두 놓아서 작고 가벼운 날개로 훨훨
그렇게 삶은 바람이었나

태양빛도 어제 그대로이고
새 움은 트는데
아무 형체도 없는

억새밭

이름과는 천만 다르게
얌전히 머리 만진 뒤태
그 안에 은빛 바람이 살아
몸을 불리고
해보다 더 눈부시게 물결쳐
휘몰아 열광하는 바다

천방지축
격정이라 해도 좋을
그대 아직 출렁이는가
키를 넘는 능선
폭풍우 몰아치던 그곳엔 지금쯤
이삭이 패었는가
달빛 고요해지면
그대 아직 꿈을 꾸는가
여전히 휘청거리는
황홀한 그 숲길에 들면
까르르 까르르
그때의 가을 햇볕 소리 들리는가

돌풍

불을 밝히지 마시오
그림자조차 혐오스러운
이 밤은 절대로 불을 켤 수 없을게요

거울도 보지 마시오
보름달도 때론 돌팔매에 이지러진다오
해쓱한 당신의 얼굴을 이해하려하오
작게 작게 몸을 말아
웅크린 구석
세상과 맞서 한바탕
억울한 꼬리를 바짝 세우고
앉은 자리에서 죽어도 좋다하겠지만
모두가 다 지나가는 일이라 했소

그들을 용서하시오
피난시절 등잔불 위로 어릉거리던
그로테스크한 천정괴물은 바로
작고 여리던 내 얼굴이었다오

무서워 파고든 어머니의 이불 속은
깜깜하지만 평화였소
지금은 절절히 어머니를 생각할 때라오

유월

멕시코 타바스코스 주 아야파 마을에
세상에서 단 두 사람만 쓰는
아야파네코어라는 언어가 있다지

화들짝 새벽 꿈결에 맡는 향기
분명 우리의 비밀언어다
내 방이 필요해지던 시절
꼬깃꼬깃 머슴아 편지를 몰래 열어볼 때
초경의 놀람으로 하늘이 서성서성 붉을 때
할머니 손을 끌고 뒤꼍으로 숨었지
할머니 빈 젖가슴 닮은 말랑한 그곳은
아카시아 향 짙은 바람이 불었어
쉬, 모두 비밀이야!

참을성 깊은 시간들 목에 두르고
성자처럼 길을 나서네
탄탄한 가슴으로 나무들
키가 자라네

컴퓨터

서귀포 귀퉁이 눈곱만한 땅 팔아
컴퓨터 한 대와 두 아이
대학등록금을 마련했던 시절이 있었다
덮개 씌워 모셔놓고
두렵고 비싸서 더 조심스럽던 상자
그 속에 식구마다 딴살림을 차렸다

세상보다 풍족한
형형색색 우주가 돌고
여백을 참지 못하는
그들의 놀라운 회전속도
손닿는 곳 어디든 간섭을 해서
정신 못 차리고 비스듬히
그 언저리만 넘겨다보는
아날로그와 디지털의 어쩔 수 없는 상생
그래도 의존해 살아야하는
나를 쏟아 붓는 유일한 통로를 고마워한다
하지만 슬쩍 눈감아 줄 것도

곧이곧대로 기억하는
저만치 체온 낮은 친구

그러니까 그게 마지막이었네

헤어지며 서로 먼저가라고
져주는 척 슬그머니
뒷모습을 보이고 말았지
돌아보는 그의 그림자가 유난히 길었어

그럴 줄 알았으면
좀 더 따뜻할 걸
좀 더 아름다운 모습일 걸
봄빛 완연해지니 쿡쿡 도지는 통증

그가 남긴 세상은
벌써 그를 아득해하고
마지막의 마지막은 후회인가
만약 오늘 그날을 맞는다면
허둥허둥
내 모습은 어떨까

문신

어머, 내 눈썹!
무심코 전동차 유리창에 비친
한 쪽 눈썹에 꼬리가 없다
그러니까 문신하랬지
찌푸린 안경 쓰고 눈썹 그리기 힘들어
친구는 검은 물로 새겼단다

   그는 죽은 아내의 얼굴을 열심히 닦는다. 창백한 얼굴에 부귀영화 생로병사가 모두 매달렸다는 눈썹만 검푸르다. 야들아! 왜 니 엄마 눈썹이 잘 안 닦아지노? 나이 들도록 아내의 얼굴을 이렇게 자세히 본 적이 있었던가, 아내에 관한한 무엇이든 잘 안다고 생각했는데 눈 맞추고 살 시간이 별로 없었다. 얼굴이라도 마지막 닦아주고 싶어서 쓰다듬고 부비고, 그래도 아내가 눈 어두운 저세상 갈 때 물감들인 눈썹이 초승달로 떠 지켜주겠지 그럼 안녕! 이쁜 눈썹 달고 편안히 가시오

소 울음

신병 앓는 훤칠한 젊은이가
날선 작두 위에서 춤을 춘다
무당으로 태어나는 내림굿
눈물 흐르는 고깔모자를 쓰고
오색방울 세차게 흔들며 펄쩍펄쩍
신을 영접한다
거역할 수 없는 운명이라고
큰 산이 와락 무너지고
아버지는 주저앉아 말을 잃었다

—불쌍한 눔

세상 것 다해 봐도 낫지 않던 아들
전생에 죄 많은 아버지는
시뻘겋게 도려낸 가슴팍을 쳐들고
알 수 없는 손아귀에 대롱 매달린 아들을 향해
헛손질을 한다
죽기보다는 낫겠지

깊게 꺼져버린 땅 속에서
깨진 하늘을 그렁그렁 올려다본다

장성한 아이

자꾸 물어뜯어 피가 어린 그의 손톱엔
장성한 어린아이가 산다
무의식의 쾌감인지
끝없는 불만인지
벌겋게 멍든 더듬이로
머릿속의 어느 신경세포와 교신중인지
눈은 한 곳을 응시한 채 오래다
언제부터였을까
세상을 향해 힘차게 내뻗던
그의 팔이 안으로 움츠러든 것은
애꿎게 똑똑
불쌍한 이빨 끝으로 잘라내는 세상을
누군가 피 흘리며 대신 거두기를 바라는지

꺼칠거나 섬섬하거나
사람 목숨 떨어지면 손발톱
썩뚝 잘라 주머니에 매듭 묶어 관에 넣는다네
연한 살점 지키기 위해

강한 척 눈 부릅뜨고 버팅기던
반달무늬 방패가 퍼렇게 힘을 내려놓고
하늘은 그제야 편안하다네

잠 속의 잠

매일 밤 홀연히 빠져나가는
나의 의식은
어떤 곳을 맴돌다가
틀림없이 새벽엔 돌아오는지
해결 안 된 끊임없는 숨바꼭질인가
실타래를 등에 매단 채 그리는
알 수 없는 무중력 모노톤의 그림
뜬금없이 눈을 뜬 천정의 무늬들이 낯설다
새 날이네
심연을 헤쳐 나와 맞이하는
나른하고 달콤한 유혹
십분만 더…
갑자기 요란한 공사장 굴삭기 소리
밤새 땅을 파고 산을 허물던
고단함의 연속인가
참을 수 없는 무거움
그리고 문득 궁금해지는
남은 날들의 잠속의 잠

제4부

전설을 그리다

포도를 그린다

초록 물감을 정성껏 풀어
정갈한 붓에 듬뿍 적시고
물을 조금 덧 찍어 잎을 치고
보랏빛 붓끝으로
화선지에 통통한 동그라미를 그리면
자연스런 농담濃淡의 포도가 열린다
어느새 굵직한 잎맥을 타고 자라난
도도한 잎사귀들이 수선스럽다
흐리고 진하고
크고 작고
세상 모든 것들처럼 조화로운
소우주의 탄생
의미는 명령하는 대로 힘을 얻는다
마지막 알맹이를 그린다
탱글탱글 드리우는 아이들의 볼웃음 소리
첫 알맹이 위에
포도를 무척 좋아하셨던
아버지도 그린다
전설처럼 포도가 익는다

나두 그런 적 있는데

전화를 끊고 돌아서는
선배의 얼굴이 꽃처럼 환하다

기다리던 애들 전화야
오늘은 한 끼 안 먹어도 좋겠어

목소리가 반 옥타브쯤 높다

나두 그런 적 있는데

3인칭

마흔다섯 살까지면 웬만큼 사는 거라고
철없던 때가 있었다
누구는 그때가 인생의 황금기라고 했다
그 나이 훌쩍 넘어 돌아본다
원근법 잘 지켜 그린 길
손가락 한마디로 가려지는 그 끝엔
파릇한 너와 내가 있다
온통 연둣빛 풀밭
태양빛으로 눈부시던 우리는 1인칭

뛰기도 주저앉기도 했지만
어느새
타인의 대문 밖처럼 내다보이는
턱을 괸 먼 길
빽빽이 들어찬 가로수
꽃길 그 사이로
언뜻 언뜻 보이고 들리는
참을 수 없는 선율

영혼을 기울인 열정
고집스런 감사가
햇살 갸웃한 3인칭의 길을 간다
아직 그림자 선명한

접시를 버리다

금테가 벗겨진 접시를 버린다
쌓아둔 시간들을 훌훌
하늘 높던 웃음소리도 함께 날려보낸다

신혼시절 남편 눈치 보며 장만했던
절대로 깨지지 않는다는 화려한 그릇들
농익은 푸른 시절
흰 앞치마를 두른 식탁에
정성들여 음식을 차리고 손님을 많이도 초대했지

서로 품고 안기는 모습이 달라
질박한 것은 편안한 이를 위해
장미무늬는 장미향 나는 사람을 위해
깊숙이 때론 화려하게 마음을 담아냈지
바람의 빛깔이 달라져
마음도 빛이 바래는가
그리운 것들이여 안녕

아버지의 라디오

제 몸보다 더 큰 배터리를 지고
허옇게 벗겨진 내셔널 트랜지스터는
칠흑의 아버지 임종을 지켰다
아버지는 가물가물 먼 소리를 따라
홀연히 길을 떠나셨다
세상의 불룩한 책임을 내려놓는 대신
조그만 소리상자를 분신처럼 병상 머리맡에 두시고
칭칭 배터리 동여맨 검정고무줄을 통해
한때 아버지에게 속했던
혼란스럽고 거친 바깥세상을 질깃하게 붙들었다
갑자기 밀어닥친 사막 안에서
분노와 체념의 채널을 수없이 바꿨다

집안에 라디오가 한 대밖에 없던 시절
밥그릇에 반찬 얹어 무릎걸음
연속방송극에 빠져 꾸지람도 많이 들었던
분홍빛 열정 아득한 그리움의 나라
철없는 스피커에 귀를 대고 꿈을 꾸었지

그 꿈을 위해 바쳐진 커다란 희생은 몰랐어
배터리는 아직 할 말 많은 아버지 뱃살만큼 부풀어
무겁게 저장된 아버지를 기억한다

춘분

어머니를 기다리는 시간은 늘 추웠다
양지보다 그늘이 많아
학교 담장도 덩달아 길고
웅크린 시간들이 용케도 자라 키를 쟀다
해바라기하던 점심시간
외로 꼬인 목이
흑백사진기 앞에서 활짝 웃는다
앞니 빠진 단발 검정치마
옷소매 껑충한 까까머리
봄을 기다리는 오누이의 어깨동무가 짠하고
허기진 세상은 제멋대로 돌았다

강하고 푸르게 버틴
철없는 전쟁은 그리 싫고
어찌 어찌 살아남은 자의 미소를
태양은 대견해했다
설움도 그리움이 되는가
기름 바른 머리카락 희끗 젖히며

활기찬 무리 속에 합류한다
튕겨져 나온 정류장에 바람이 차다
추위 절은 등 뒤로 쏟아지는
봄볕은 공평하시다

넥꾸다이

신랑 넥꾸다이는 잘 매서 내보냈느냐
할머니는 꼭 넥꾸다이라 했다
각오와 책임을 목에 두르고
세상과 마주선 세모꼴의 매듭
사내들의 멍에와 자존심

남편 넥타이를 맬 줄 알아야한다고
알맞은 길이와 품위 있는 삼각형으로
결혼 전에 아버지 목에 연습을 했다
처음 순하게 목을 내맡긴 신랑 앞에선
조물락 조물락 얼굴이 화끈거렸다

넓었다 좁았다
사내들 기슴처럼 변해간 목댕기의 역사
어느 날 옆집 남편이 넥타이를 풀었다
뒷집도 앞집도 거의 비슷하게
남편들 목이 자유로워지고
아내들 목소리는 커지기 시작했다

늘 단단하기만을 바라던 그 매듭이
허한 너털웃음을 자주 바람에 날린다
어느새 늘어난 남편의 목주름과
넥타이를 매주던 아내의 손 주름이 함께
늘어진 오후

엄니

아들과 새 며느리에게 보내는 문자메시지에
엄니 보냄이라 썼다.
엄마라 쓰면 며느리가 헷갈릴 것 같고
어머니라고 쓰면 아들이 섭섭할 것 같아
어정쩡한 호칭을 만들었다
언젠가 시골 아저씨가 자신의 어머니를
엄니라 부르던 생각이 난다.
엄마와 어머니를 합친 묘한 말.
호칭 다른 한 엄마를
그들은 어떻게 나누어 그려내고 있을까

엄마는 어금니가 아플 때면
파 뿌리를 태워 아픈 이에 물거나
내색도 않고 진통제를 먹고 발랐다
묵직한 통증은 욱신욱신 말을 빼앗았다
그 통증이 가슴께로 내려오지 않게
엄마는 엄니牙齒를 지그시 눌렀다
엄마는 아플 줄도 모르는 사람인줄 알았다

볏짚 태우기

"알곡은 모아 곳간에 들이고
쭉정이는 불속에 던지리라"

추수 끝내고
어머니 빈 젖가슴 같은 들녘에선
볏짚을 태운다
기름기 모두 짜내고 남은
허한 껍질은 타서
매캐한 말씀을 달고 하늘에 오른다

전쟁 통에 아버지 등에 업혀가던
멀고 험한 피난길
낯선 시골 동네 어귀에서 처음 맡던
눈 맵고 조금은 달짝지근하던
오랫동안 천지는 볏짚 타는 냄새뿐이었다
기억을 잃어도 추억의 냄새로
치료한다는 향기요법처럼
새삼 볏짚 타는 들녘에 서면

저만치 자전거 타시는 아버지가 계시고
커다란 당산나무 아래
당줄 치던 당집 할머니가
비손하며 일어선다

담배

코스모스 만발한 성묘 길
그동안 편안하셨습니까
꾸벅 꾸벅 절을 하고
상석 위에 담배 한 대씩 피워 올린다
향불보다도 더 빨리 타들어가는 불꽃
멀고 깊은 곳에서 그립고 목마르셨을
목이 긴 그림자
성품대로 가는지
조상님들 담배 태우는 속도가 모두 달라
손자들이 불붙이느라 바쁘다
두 대씩만
여기서도 우리 맘 대로다
그럴 줄 알았으면 실컷 피우게 할 걸
병실 곳곳에 담뱃갑 감추던
후회가 부옇게 오르면
아버지는 괜찮다고 푸우 길게 대답한다
눈이 몹시 매운 코스모스 길

초승달

샐쭉 토라진 초저녁 하늘엔
영락없이 초승달이 뜬다
큰 눈 더미 눈 녹듯 사라지고
침침한 하늘을 비집어
간신히 떠 오른 달
그렇게 실낱같아서
펄펄 끓는 속 앓음을 품기나 하려나
누군가 후루룩 마셨는지
서둘러 모습을 감춘
속 좁은 서쪽의 빛 무리들
은빛의 정적 그 후
창문들은 급히 불을 밝혀
속 끓는 언어를 설어놓고
애써 만월을 기다리는

짝사랑은 아닌가봐

아이구 우리 강아지 잘 있겠쩌?
현관에서부터 서로 끌어안고 뒤뚱뒤뚱
아유 많이 컸네
할머니보다 이만큼이나 크네
그런데 할머니, 나 지금 학원 갈 시간이야
그래 조심해서 다녀와
녀석의 두둑해진 찹쌀엉덩이를 토닥토닥
며칠 전부터 그놈 볼 생각에 들떴었지

조금씩 서운해지는 일
'함머니'가 '할머니'가 되고
슬그머니 퉁명스러워져 대답도 건성
내가 알아서 할게
나를 졸졸 따라다니며 말을 시키던 녀석을
이젠 내가 뒤를 따라 다니며 말을 붙인다
학원가고 농구하고 숙제도 많고
이쁜 강아지는 점점 바빠져
나랑은 눈높이가 자주 어긋난다

할머니 가면 안 돼
나 학교 갔다 오면 집에 꼭 계셔야 돼!
그렇지 짝사랑은 아닌 거야
벽에 금 그어 놓은 우리 민제 키도 쑥쑥 자란다

제5부

작고 여린 것들을 위한 발라드

질마재 길

바람이 먼저 다녀가면
고개 갸웃한 태양이 온종일 마음대로인
운곡저수지 그 너른 곁을
질마재가 꼬불꼬불 따라 걷는다
밤새 내린
눈 밟는 발자국 소리는
팔짱 낀 곱절의 리듬이다
하얗게 주저앉은 천지
그래도 대나무 숲은 푸르러 반갑고
쑥부쟁이 억새밭은 한창때를 조금 지난 듯

등짐장수 아비를 눈이 붓도록 기다리는
아들의 꽁꽁 언 발을 녹이러
허리 편 봄이 어김없이 오리니
침묵의 눈길을 사명처럼 걷는다
난데없는 외마디 텃새 울음
솟구치는 그리움에 길을 잃었나
희디횐 여운

미끄러운 세상은 차디찬 길을 끌고
길은 속 좁은 세상을 품고

작고 여린 것들을 위한 발라드

알래스카 베링해 얼음사막엔
겨울을 숨는
안경솜털오리들이 산다
솜털 보스스 웅크린 차가운 물웅덩이
혼미한 눈보라에
바짝바짝 체온을 기대는
처절한 생존의 몸짓
점점 혹한이 오면
무리들의 몇몇은 세상을 떠나고
비척비척 남아있는 것들의
헐거운 안경은 제 몸보다 크다
비낀 태양을 원망하면서도
무리들 틈에서 비로소 안전한
용기 주춤한 날개들

땅거미 질 때 이유 모르게 슬프던 아이는
자라지 못한 세상의 어린 것들이 안쓰럽다
힘껏 서로 보듬어

해빙기를 맞이하라
솜털 가진 것들에게 보내는 뭉클한 염원

분홍빛 전율

쉿!
꽃들은 지금 임신 중
수줍은 진분홍빛 배를 부풀려
튼실한 열매를 기다리지
가만가만 빗소리도 꽃빛으로 젖고

복사꽃마을 처녀 꽃들은
콧대 높은 연분홍 봄꿈을 꾸네
살충제가 두려운 벌 나비는
꽃가루 분무기에게 그
떨림의 절정을 양보하고
원숙한 사랑의 절제

눈길 닿는 대로 넓어지는 복사꽃 천지
만개한 꽃들의 현란한 분신焚身
어쩌나 어질어질 향기에 휘청
꽃바람 들겠네
복사꽃 마을 여인이 서둘러 꽃술을 빚네

무성영화

세상에서 가장 높이 나는 새 콘도르는
숨 가쁜 안데스 산 위에
모든 소리를 버린다
우아하고 도도한 비행을 끝내고
달도 쉬어간다는
코토팍시 대피소에 잠시 머문다
그리움이 모질게 깊고 멀어서
쏜살같은 눈빛으로
흐트러짐 없는 평형의 날갯짓으로
끝 간 데 없는 하늘 길을 달린다
한 없이 나약한 이에게 전하는
아득한 이명 속의 한 상형문자

하루 종일 말없이 지낸다
느닷없는 배우의 분장시간
큰 새처럼 또렷하게 입을 다물고
눈빛과 몸짓을 연습한다
진국의 말을 거울은 알아듣는다

정박

파푸아뉴기니 아후스섬 사람들은
꼭 하루 먹을 만큼만 고기를 잡는다
망망대해 카누 하나로
하늘에 무지개를 띄운다
가느다란 나무기둥 몇 개 세워
물 위에 집을 짓고
긴 가난을 사뿐 떠받친다
닭과 앵무새가 친구인 아이들의 미소는
까르르 앞니 빠진 나무캥거루를 닮았다
빨랫줄엔 색색의 노래가 팔락이고
태양의 그림자도 욕심 없는 금빛이다

기웃기웃 세상을 구경하는 이들은
처음부터 그곳에 닻을 묻은
이끼 낀 나무기둥의 평화를 이해하지 못한다
잠시 흔들림 속의 여유를 참지 못한다
얼마였을까 그들이 머문 시간은
서둘러 어설픈 별자리로 출항날짜를 점치는
그들의 뒷모습이 길다

푸른 다리
― 김환기의 그림 〈답교踏橋〉

김환기 화백은
유난히 푸른 그의 달빛과
달빛보다 더 푸르게 내달은 다리 앞에
세 딸과 아내와 함께 멈춰 섰다

언젠가 이 다리를 건넌 적이 있다
모처럼 가족 나들이 길
깡충 걸음으로 신이 난 아이들은
별노래를 부르고
별춤을 추었다
덜컹 유리문 열고 들어간 개울가 식당
흰밥에 총각무김치로 배불리 저녁식사를 했다
쨍한 그 맛을 아이들은 두고두고
후각 안쪽에 저장한다
군내 나던 아랫목을 반기던 아버지
다리를 밟으면 다리가 튼튼해진다고
힘주어 디디라던 어머니는
애잔한 그림 속에도 안 계신다

메콩강 사람들

 밀림 속 좁다란 강줄기를 거슬러 배를 탄다. 배가 앞으로 조금씩 미끄러질 때마다, 노 젓는 아가씨의 가느다란 허리춤이 드러났다 감춰진다. 몇 십 년 전 우리의 젊은이들이 피 흘린 땅, 포화가 치솟았을 그 강에서 하루 종일 베트남의 아버지와 딸, 어머니와 아들은 바삐 노를 젓는다. 전쟁의 참혹한 현장체험 뙤약볕 아래 베트콩의 땅굴을 기어보고, 잔인한 살상무기에 온몸이 전율한다. 실전처럼 들리는 총소리는 그때의 그 일을 잊지 말란다. 사람의 잔인함은 어디까지인가, 자연은 얼마나 미치도록 아름다운가, 초록빛 강물 위의 사람들은 내내 침묵이다. 비좁은 강을 빠져나와 갑자기 넓은 하늘 아래 모두 큰일을 한 듯 노래를 부른다. 누군가를 꼭 위로해야하는 것처럼, 슬픈 허공이 흐른다.

편백나무

축령산 더듬어 걷는 '침묵의 숲길'
보석처럼 숨은
비밀의 발자국을 만날지도 몰라
조심스레 내딛는 눈길

무얼 더 침묵해야하나
이제 겨우 입이 열리고
눈부심도 깨달았는데
불통고집과 퉁명으로 오랜 세월
서서히 뼛속까지 철들어
절절히 뻗쳐 올린 열정
씩씩하고 단단해진 벋정다리들
그 사이로 몇 백 년 흘려보내고
하늘 가까이 그린 그림에
비로소 이름을 붙일 수가 있네
장한 몸에 두 팔 둘러
성자의 말씀을 듣네

아마도 그들은

평생을 빨래하는 남자가 있다
하늘이 내려준 최하위계급
세탁물을 돌바닥에 마구 내리쳐
누런 강물에 세상의 때를 씻는다
영문 모를 대물림
그들의 죄도 함께 씻어
오물 널린 양지에 하얗게 바랜다
빨래를 할 수 있는 곳이면 어디든
더 많이 더 깨끗하게
힘센 팔뚝으로 주무르고 휘둘러
이승과 저승을 내통하는
무수한 업보들을 하늘에 올리며
주문을 외운다
다음 세상에선 좀 더 나은 계급으로 태어나기를
꿈에서도 웃으며 빨래를 한다
모르는 죄가 더 얼마나 남은 것인지
아마도 그들의 전생은
깊은 곳에서 돌계단 쌓는 일이었을 것이다

횟집 아이

용이 뿜은 보석 삼 천 개가 모두 섬이 된 하롱베이
아이의 커다란 눈도 보석을 닮았다
할아버지 아버지는 다금바리 회를 판다
구경도 못해본 생선을 시멘트 바닥에 내리쳐 피를 내고
눈 밝은 미식가들을 유혹한다
국적을 알 수 없는 물고기도 다금바리가 되고
비싸서 못 먹던 거라며 모두들 즐거워한다

이 곳 섬들은 외롭지 않다
그 너른 바다의 유람선 사이로 유유자적 자태를 뽐낸다
수 십 년 전 이 땅에 쏟아지던
포화 대신 노래 가락이 초록빛으로 흐르는
신선 노름의 수상낙원

사진을 함께 찍고 천 원짜리를 익숙하게 받는
아이는 아마도 한국인의 피가 섞인 지도 모른다
물집에는 할아버지와 동갑인 금성 텔레비전이 있고
지구 저편의 구성진 노래가 조글조글 춤을 춘다

옛날은 지워야지, 잊어~야~하~지
응어리진 아픔에 배꼬리는 포말을 세우지만
바다는 곧 잠잠하다
민망한 햇볕은 높은 웃음소리로 바스러지고

태양의 여백

명성산 정상이 억새 바람에 눕는다
출렁 굽이치는 은발의 합창
쉬아!
응축된 언어는 하나
그리움 들춰내는 소리
소리쳐 더 높은 하늘을 부르다가
햇살 눈부셔 잠시 눈 감았던 자리에
성큼 드리운 태양의 여백
아름다운 은발의 무리는
은빛의 사진을 찍고
능선 저 너머 있을 막연한
은하계를 향해 보내는
와! 와! 짜릿한 탄성
바람에 꺾일 수 없어 허리 아픈
머릿기름 반질한 능선
단풍 자지러지는
숨찬 정상엔 은빛 숲 바람이 분다

통곡의 벽

유태인들이 일 년에 한번은
꼭 순례하는 희망의 성지
예루살렘 통곡의 벽은 손 들이밀 틈이 없다
참기 어려운 폭염도 그들에겐 축복인가
남자는 접시모양 키파*를 쓰고 북쪽에서
어깨와 다리를 가린 여자들은 남쪽 벽 앞에서
경전을 외우고
벽에 입 맞추며 머리를 부비고
울며 기도한다
곧 벽으로 스며들듯
무얼 위해 이들은 이렇게 애절한가
앞사람의 기도가 끝나기를 기다려
틈을 비집고 벽을 짚어본다
그들의 기도소리가
이방인의 팔에 저릿하게 전해져
덩달아 가슴 뜨겁게 머리를 숙인다
각국의 말들이 합해져 수런수런 통일된 언어로
반들해진 검은 벽을 더 높이 세운다

끝 간 데 없이 맑고 푸른 하늘과
작열하는 태양 볕 아래의 기도를
하느님께서 들으시기를
오십 미터 길이의 후끈한 벽이 통째로 흐느낀다

* 키파 : 유태인 남자가 쓰는 모자(하느님을 경배하는 의미).

푸른 눈동자

세계에서 가장 큰 티베트 불교사원 보다나트 스투파는 티베트 고깔모자를 쓰고 사방 여덟 개의 부릅뜬 눈으로 세상을 내려다본다. 무지갯빛 헝겊이 줄줄이 펄럭이며 신을 부르는 곳. 지혜의 제왕에게 손발이 닳도록 어려움을 호소하면 스투파*는 종소리 흩날리며 사람들을 위로한다. 그 거대한 눈을 만나러 돔 안쪽의 컴컴한 곡선계단을 기어 탑 위에 오른다.

좁은 출구의 아찔한 태양빛, 머리 위의 야릇한 눈동자 앞에 바짝 긴장한다.

신기神氣가 어린 걸까. 미끄러질 듯 아슬아슬한 둥근 벽면 추락을 두려워하며 방긋 사진을 찍다가 신비스런 표정의 푸른 눈동자와 마주친다.

세상을 흡입하는 알 수 없는 에너지 한 발자국도 자유롭지 못하다. 눈을 마주보며 서로에게 스며드는 두려움 사방을 돌며 아래쪽을 향해 멀리까지 나를 뿌린다. 스투파는 날마다 새로운 점안식을 갖는다.

* 스투파 : 불교의 사리탑.

날마다 나의 피와 살과 정신을 온전히 나라에
― 할아버지 아성 방한민을 추모하며

굴욕적인 일제치하
언론을 통해 일본의 잔악상을 낱낱이 폭로하고
해란강 기슭 용정에서, 정신적 횃불을 높이 들어
자주독립과 민족교육에 앞장섰던 당신은
겨레의 가슴 속에 투철한 항일의식을 심어주었으며
열정과 청춘을 오직 나라사랑에 바치셨습니다

논산군 강경에서
충신가문의 방규석, 조현정의 둘째 아들로 태어나시고
어려서부터 나라를 빼앗긴 설음과
간악한 일제의 탄압과 만행에 몹시 분개하셨습니다
이른 나이에 김해김씨 한배와 혼인한 후
동경 서원잠사전문학교 유학중 신병으로 잠시 귀국하였으나
방방곡곡 울리던 겨레의 3.1 독립만세 소리와
함께했던 동경 한인유학생들의, 항일투쟁 함성을 잊을 수 없어

분연히 자주독립운동의 기치를 드셨습니다
조선일보 창간 사회부 기자로
'왜놈'이라는 표현을 처음 사용하여
반일사상 기사를 연이어 쓰다가
총독부의 압력으로 해고당하시고
다시 동아일보 편집기자로,
유학생을 가장, 일본에서 문화신문 발행인, 주간으로
끊임없이 일본 만행을 폭로하셨습니다
감시가 몹시 심해져 귀국하지만
세 살 난 아들 준영과의 안타까운 첫 상봉도 잠시
민족의 한을 풀 수 있는 곳
북간도 용정에서 동양학원을 세우고
청년들에게 사회, 경제학을 강의하면서
조국광복을 위한 항일결사의 기회를 엿보았습니다
그러나 천도경편철도 개통식에서 일본 총독과
은행 공관 등에 폭탄 투척이 결사전에 누설,
체포되어 10년 징역형을 선고 받았습니다
공판정에서 '조선독립만세'를 부르며 단호하게 항의했

지만
  뜨겁게 불태우던 투쟁을 청진감옥에서 접어야했습니다
  감옥살이 6년, 기력이 소진하자
  고향사람들의 진정으로 가출옥, 조선일보에 재입사
  "날마다 나의 피와 살과 정신을 온전히 나라에 바치겠다"는
  일념으로 일본 압제의 진상을 규탄하다가
  다시 대전형무소에서 7년의 옥고를 치르셨습니다
  두 차례, 17년의 징역형 중, 13년간의 모진 고문의 옥고로
  할아버지는 점점 쇠약해지셨고
  피폐해진 나라와 가정은 늘 슬픔이었습니다.

  할아버지!
  정신병원에서 해방을 맞으시며 펴보지 못한
  피 끓는 포부는 어떻게 다스리셨습니까?
  해방 후 인하대 설립에 참여하셨고
  수원농대, 홍대에서 농경제학을 가르치시며
  조국과 가정에 따스한 햇살이 비치기도 했지만

제자들이 할아버지의 어머니로 여길 만큼 머리가 하얗게 세어버린

우리 할머니는 어떻게 위로하셨습니까?

남편 없이 외아들을 데리고 가슴 졸이던 아내와

유년 시절 아버지 옆에서 자라지 못한 아들을 보시며

당신의 속울음은 또 얼마나 뜨거우셨습니까?

뒤늦게 건국훈장 독립유공 애국장을 받으실 때

이 훈장은 푸르디 푸른 세월을 독립투사의 아내로 살아오신

우리 할머니의 것이라고 저는 우겼습니다

이제 할아버지가 그토록 원하시던

자주 독립과 평화를 찾았습니다

할아버지 탄신 110주년을 맞아

'2010년 1월의 독립운동가'로 선정되시고

공훈선양학술강연회로 이 자리를 마련했습니다

할아버지의 고통에, 그 원한에

조금이라도 위로가 되었으면 좋겠습니다

할아버지! 이제는 탄압 없는 곳에서 편히 쉬십시오
그리고 우리나라를 지켜보아 주십시오
조국을 끔찍이 사랑하시던 자랑스런 나의 할아버지를
우리 국민들은 오래오래 기억할 것입니다

* 2010년 1월 15일 아성 방한민 공훈선양학술강연회에서

손녀 지원 올림

수도여고 졸업 45주년 축제에

아지랑이 속으로 먼
백합 버클의 단발머리
온통 하늘로만 오르던 꿈은 철이 없었지요
꿈꾸던 흰 칼라교복을 벗은 지도
어느새 45년
동동동 즐거운 징검다리 위의 시간들이
퉁명스레 발을 벗고 지나
이제 황홀한 노을위에 걸터앉았습니다
제각기 내려주신 날개가 있어
조금 더 높이, 조금 더 멀리, 조금 더 넓게
우리의 모습이 참 많이 달라지기도 했지만
솜털 보스스 그때가 그리워
우리는 다시 이 자리에 모였습니다
완숙의 아름다움으로
서로의 풍성한 향기를 힘껏 호흡합니다
입으로만 알던 우정을
이젠 가슴으로 끌어안습니다
동기간의 정을 뛰어넘는 끈끈함을

더 소중해하고
발그스름 곱던 얼굴 위에
우아한 주름살로 퍼지는 파안대소를
눈물겹도록 사랑합니다
늦어서야 깨닫는 이 소중함을
부끄러워도 합니다
하늘이 주신 싱그러운 축복의 오늘
우리의 뜨거운 합창은
오래도록 다하지 않는 백합 향기 속에서
영원할 것입니다

성모성월의 기도

성스러운 오월
당신은 싱그러운 발자국 소리로 오십니다
넘치는 신록으로, 생명의 꽃 빛으로
높은 새소리, 찬란한 햇살로
사랑과 감사 가득 내린 날
당신은 눈부신 여왕이십니다
뜨거운 가슴으로 당신을 환영합니다
아이처럼 목청껏 노래합니다
성모님 어서 오십시오

그리스도를 낳아주신 정결하신 어머니
항상 당신께 보채며 매달리기만 하는
작고 철없는 저희를 굽어보소서
당신을 애타게 부르면 당신은 언제나
주님께서 그렇게 하시듯
저희 곁에 맨발로 서 계십니다

무한한 사랑과 깊은 침묵으로

주님 십자가를 지켜보시던
당신의 애끓는 고통을
어미가 되어서야 조금씩 알아갑니다
하지만, 때로
기도를 잃어버린 저희의 빈 가슴들이
바람 심한 들판을 헤매며
당신을 아프게 합니다
겸손과 화해에 넉넉하지 못한
가슴들을 용서하여주십시오

세상 메마름에 눈물 흘리게 해주시고
방황하는 세대에 버팀목으로 굳게 세워주십시오
수많은 재앙으로 희생된 이들도 위로해주십시오
자식을 잃은 저들 어미의 찢기는 가슴도
보듬어 주십시오

늘 오월의 숲처럼 저희를 품으시는 성모님
저희의 절절한 기도를 주님께 올려주십시오

고단한 오늘을 기쁘고 새롭게 하여주시고
당신을 향한 호흡이 더욱 깊어지게 하여 주십시오
자애로우신 어머니
맑고 고운 당신을 사랑합니다

* 2010년 5월 1일 탄현성당 성모의 밤 미사에

주님 오시는 날

아기예수로
이천년 전의 모습으로 오시는 주님
빛으로 사랑으로 오시는 주님
저희는 주님을 애타게 기다렸습니다
주님 어서 오십시오
저희는 저희가 가진 언어를 모두 모아
더 할 수 없는 감사와 기쁨으로
당신의 오심을 찬미합니다
밤을 지키던 목동들의 놀람과 환희로
감격의 경배를 드립니다
오랜 약속의 기다림
사람이 되신, 하느님 말씀의 신비를
그 사랑의 역사를 두렵게 받아들입니다

저희는 때로 당신을 외면하였습니다
당신의 깊은 사랑과 은혜를 모른 척 했습니다
세상에서 소외되고 고통 받는 사람들을
돌아볼 줄도 몰랐습니다

주님을 잊고 먼 길을 돌아
편안한 그늘 밑에 오래 동안 서있기도 했습니다
그리고 아주 느리게 당신께 다가갔습니다
저희의 고개는 늘 겸손하지 못하고
불의와 분노를 지혜롭게 다스릴 줄도 몰랐습니다
그저 무딘 가슴으로 하늘을 올려다보기만 했습니다
당신은 이런 저희의 모습을 불쌍히 지켜보셨지요
주님 용서하여주십시오
오늘 주님 탄생으로 새롭게 태어난 저희들은
당신의 고통과 인내의 일생을
사랑과 희생으로 죽음을 이기신
당신을 닮으려합니다
세상의 많은 소리들 중에서
당신의 말씀을 가려듣게 하시고
수많은 빛 중에서 당신의 빛을 깨닫게 하여주십시오
항상 당신의 은총을 갈구하기만 하던 저희들은
이 아름답고 거룩한 밤
붉고 여린 심장으로 저희의 사랑을 바칩니다
주님 받아주소서

당신의 영광을 찬란히 드러내게 하소서

미천한 저희보다 더 낮은 모습으로 오시는 주님
당신 은총의 손길을 기다리는
상처받은 이들의 외침을 들어주시고
그 어두운 곳에 빛을 보내시어
당신의 따뜻한 날개 밑에 품어주소서
평생 저희들의 발자국이 흐트러지지 않게 지켜주시고
세상에 평화를 가져오는 일에 동참하게 하소서
저희 생활의 시작과 끝이
기도와 찬양이
모두 당신을 향한 존경과 감사와 기쁨에서 비롯되게 하소서
오늘의 새로운 희망과 사랑이
당신의 축복하심이
오랜 내일로 이어지게 하소서

* 2009년 탄현성당 성탄전야 구유예절에

해설

존재 탐구, 그 성찰의 깊이
_허형만

■해설

존재 탐구, 그 성찰의 깊이

허형만
(시인 · 국립목포대학교 명예교수)

　나는 30년 전부터 읽으며 간직해온 책,『하이데거의 시론과 시문』(전광진 역, 탐구당, 1979)을 지금도 틈만 나면 읽고 또 읽는다. 나에게는 이 포켓판 작은 책이 내가 시를 쓰고 시를 성찰하는데 있어 바이블이나 다름없기 때문이다. 왜 그럴까. 하이데거는 게오르그 트라클이 쓴「겨울날 저녁」을 분석하면서 "시 한 편을 제대로 썼기에 시인의 사람됨이라든가 이름을 부인할 수 있을 만큼 되어야만 제대로 쓴 시의 참된 값어치가 빛난다."고 설파했다. 트라클의 작품이 바로 그렇다는 말이다. 나는 지난 30년을 "시 한 편을 제대로 썼기에"라는 화두에 매달려 왔다. 이 화두는 곧 하이데거의 "언어는 존재의 집"에서 연유한다.
　방지원 시인의 시를 읽으면서 나는 하이데거의 이론을 떠올렸다. 하이데거는 말한다. "시인의 사색이 이르고자 하는 곳은 존재가 환히 트임으로써 이룩되는 자리"라고. 바로 이 자리에 방지원의 시가 숨 쉬고 있음을 본다. 자연을 바라보는 순수성은 물론 아버지와 어머니에 대한 추억, "그"라는 그리움의 대상을 비롯한 모든 관계들, 심지어 성모 마리아에 이르기까지 모두 존재자로서의 '생生'을 인식하고 있기 때문이다. 이러한 존재인식과 탐구는 물론 삶에 대한 명상과 성찰로 이어진다.

> 초록 물감을 정성껏 풀어
> 정갈한 붓에 듬뿍 적시고
> 물을 조금 덧 찍어 잎을 치고
> 보랏빛 붓끝으로
> 화선지에 통통한 동그라미를 그리면
> 자연스런 농담濃淡의 포도가 열린다
> 어느새 굵직한 잎맥을 타고 자라난
> 도도한 잎사귀들이 수선스럽다
> 흐리고 진하고
> 크고 작고
> 세상 모든 것들처럼 조화로운
> 소우주의 탄생
> 의미는 명령하는 대로 힘을 얻는다
> 마지막 알맹이를 그린다
> 탱글탱글 드리우는 아이들의 볼웃음 소리
> 첫 알맹이 위에

> 포도를 무척 좋아하셨던
> 아버지도 그린다
> 전설처럼 포도가 익는다
>
> ―「포도를 그린다」 전문

  시인은 지금 화선지 위에 포도를 그리고 있다. 화선지는 순수하고도 깨끗한 생명의 근원이다. 마치 인간의 생명을 잉태시키는 양수처럼. 이 화선지 위에 그리고 있는 포도는 풍요의 상징이다. 따라서 화선지 위에서 초록으로부터 열매 맺기 시작한 포도는 "전설처럼" 보랏빛으로 익어가기도 하는데 이 "자연스런 농담濃淡의 포도"야말로 "흐리고 진하고/크고 작고/세상 모든 것들처럼 조화로운/ 소우주의 탄생"과 하등 다를 바 없음을 시인은 말하고 있다. 나는 방금 시인이 말하고 있다고 했다. 그러나 엄밀히 따지고 보면, 그리고 하이데거에 의하면, 언어가 말하고 있다. 언어가 말하는 바를 따라 명상하다보면 "의미는 명령하는 대로 힘을 얻"고, "포도를 무척 좋아하셨던 아버지"가 살아 숨 쉬는 것을 느낄 수 있지 않는가. 시인의 아버지는 "허옇게 벗겨진 내셔널 트랜지스터"의 "가물가물 먼 소리를 따라 훌연히 길을 떠나"(「아버지의 라디오」)신 분이다. 또한 "그럴 줄 알았으면 실컷 피게 할 걸/병실 곳곳에 담뱃갑 감추던/후회가 부옇게 오르"(「담배」)게 하던 분이다. 그런 아버지를 "첫 알맹이 위에" 그리는 시인의 마음은 어쩜 포도를 통해 아버지의 존재를 더욱 깊게 새기고

자 한지도 모를 일이다.

> 뜨개질을 한다
> 겉뜨기 안뜨기 꽈배기뜨기 한 코 건너뜨기
> 그물뜨기로 나풀나풀 장식도 하고
> 늘이고 줄이고
> 계획은 처음부터 없기도, 있기도 했다
> 마음에 안 들면 확 풀어 다시 뜬다
> 모양은 고쳐지지만
> 한번 꼬인 실은 자국이 남는다
>
> 성글게 떠야 따뜻하다지만
> 끝내 촘촘한 바늘잡기로 돌아오는
> 서투른 뜨개질
> 곱게 우직하게 때론 여우볕처럼
> 꼭 맞는 뜨개질은 어렵다
> 안과 겉이 고루 매끈할 때도
> 아닐 때도 있다
> 몇 코 빠진 줄 모르고 열심히 뜨다보면
> 여기저기 예쁜 무늬가 생겨
> 예상 밖이 될 때도 있다
> ―「관계」 전문

뜨개질이란 뜨개바늘을 도구로 털실 등으로 걸어서 옷이나 여러 가지 장식품을 만드는 일이다. 시인은 이 뜨개질을 통해 '관계'를 탐구하고 있다. 관계는 '존재'에 다름 아니며, 동시에 '교감'을 의미한다. 관계란 둘 이상이 서로 걸려 있음을 뜻한다. 또한 어떤 까닭이나 원인을 나타내는 말이기도 하다. 교감은 루이스 클로드에 의하면, 빛은 소리를 내고, 아름다운 소리는 빛을 낳고, 색채들은 살아 있기 때문에 움직인다. 사물들은 동시에 투명해지고, 울려 퍼지며, 움직여 하나가 되며, 모든 공간을 함께 흘러간다. 보들레르의 시 「교감」이 만물 조응의 세계를 노래하는 것과 같다. 바로 여기에 방지원의 시가 놓인다.

   시인은 온갖 뜨개질의 방법으로 생의 존재와 교감을 노래하고 있다. 그것은 삶의 체험과 시적 경험을 동시에 수반한다. "한번 꼬인 실은 자국이 남는다"고 고백하는, 시인의 이 진지한 성찰은 하나의 잠언이다. "곱게 우직하게 때론 여우볕처럼/꼭 맞는 뜨개질은 어렵다"고 우리에게 귀띔해주는 것은 세상을 살아가면서 '관계' 속에서 터득한 진리인지도 모른다. 왜냐하면 우리 눈에 보이는 것들은 모두 하나의 혼돈일 뿐이므로. 이 혼돈 너머에 있는 깨달음을, 그리고 삶의 존재를 자각하게 하는 시인의 성찰의 깊이에 우리는 놀라지 않을 수 없음을 어찌 하랴.

   그동안 하늘을 보며
   수없이 반성문을 고쳐 썼지
   세상보다 높이 성을 쌓고

여린 심장에 빗장을 걸었던 일

우두커니 온 종일 들판에서

화들짝 낭비한 무거운 시간들

사랑 받기에만 익숙했던 일

가끔 '아니오'를 삼켜버린 일

막달라 마리아의 열정이 부러워

전율처럼 부끄러웠던 일

늘어가는 주름살을 용납 못하는 일

슬프도록 아름다운 추억을

속절없이 사라지게 만든 일

시다운 시 한 편 쓰지 못한 시인

모두를 끌어안고 그 무게 주체 못해

좁다란 어깨 헐렁하게 기울여

괜찮아! 괜찮아! 쓰다듬는

햇볕 따뜻한 날

─「괜찮아!」 전문

  방지원 시인은 시기 삶에 대한 명상에서 귀중한 자양분을 얻고 있다는 사실을 잘 알고 있다. 이 시가 그렇다. "그동안 하늘을 보며/수없이 반성문을 고쳐 썼"다는 말은 무엇을 의미하는가. 사실 하늘을 우러러 한 점 부끄러움 없이 산다는 것은 누구에게나 힘 드는 일. 그래서 윤동주 시인도 "잎새에 이는 바람에도 나는 괴로워했다"고 하지 않았던가. 그러고 보면 이 시는 시인의 '고백성사'에 다름 아니다.

마르셀 레몽은 "시인이란 서로 다른 인간들을 화해시키고 삶에 의미를 주는 사람"이라고 말했다. 이 말을 바꾸어 말하면 "시인은 자기 자신을 화해시키고 자신의 삶에 의미를 주는 사람"이라고 해도 괜찮지 않겠는가. 그렇다. 시인은 모름지기 이 세상의 모든 괴로운 일 앞에서 하늘을 우러러 한 점 부끄러움 없이 살고자 하는, 수도자적 정신을 갖고 있다. 특히 신앙심에 가득 차있는 시인에게는.

　방지원 시인은 가톨릭 신자이다. 그래서 특히 "막달라 마리아의 열정이 부러워/전율처럼 부끄러웠던" 추억을 잊지 못한다. 시인을 그토록 부끄럽게 한 것은 무엇인가. 물론 표면상으로는 "막달라 마리아의 열정"이다. 열정! 그렇다. 막달라 마리아는 "그리스도를 낳아주신 정결하신 어머니/항상 당신께 보채며 매달리기만 하는/ 작고 철없는 저희를/굽어보소서", "깊은 침묵으로/ 주님 십자가를 지켜보시던"(「성모성월의 기도」) 분이시다.

　이처럼 세상 온갖 일에서 신앙에 이르기까지 하늘을 보며 수없이 반성문을 고쳐 쓰는 시인이기에 햇볕도 "괜찮아! 괜찮아!" 하며 따뜻하게 쓰다듬어주는 거다. 편백나무도 "성자의 말씀"(「편백나무」)으로 시인의 영혼을 울리는 것이다. 나아가 "우주의 떨림"(「조금씩 느슨해지는」)도 온몸으로 받는 것이다.

사람이 세상을 떠나도
천지를 들썩이며 꽃은 피네
뜨거운 손 잡아주지 못했음을
어눌한 언어로 후회하네
계절의 변화는 얼마나 축복인가
나무들 움트는 고리에 묻혀 휘휘
세상은 그냥 지나가고
산발한 바람
바짝 마른 가슴팍을 헤집어
끝나지 않을 겨울을 고집하네
작은 풀꽃 목숨 껴안고 뒹구는
신열 오른 태양을 어쩌나

흐드러진 목련 아래 친구들
환하게 사진을 찍네
꽃을 닮아
몸 속 깊숙이 꽃기운을 들인
목련가지 하나
빈자리 그의 이름으로 서서
까르르 먼저 웃네
고마운 봄볕을 두 손으로 받네

―「봄날」 전문

  봄날은 어떻게 오는가. "역적같이"(안도현, 「참꽃」) 오는가. "그대를 감싸러 오는"(아폴리네르, 「잘못된 사랑의 노래

」) 것이 봄인가. 부활과 소생 그리고 쇄신으로 대변되는 봄은, 방지원 시인에게 "천지를 들썩이며" 온다. 그렇게 오는 봄은 아무리 "끝나지 않을 겨울을 고집"한다고 해도 "계절의 변화는 얼마나 축복"이냐고 노래한다. 그러나 시인은 무작정 봄날을 노래하지 않는다. 왜냐하면 "흐드러진 목련 아래 친구들/환하게 사진을 찍"는 날, 먼저 세상을 떠나 함께 하지 못한 친구가 생각나기 때문이다. "뜨거운 손 잡아주지 못"한 "후회"야말로 시인의 심연에서 우러나오는 연민의 정이지 않겠는가.

    시인이 보여주는 이 연민의 정은 남들처럼 환희에 찬 목소리로 자연만을 찬양하는데 머무르지 않고 사람에 대한 애정을 복합적으로 드러내는, 의식 확장의 시적 효과를 갖고 있다. 시인은 "사람이 세상을 떠나도/천지를 들썩이며 꽃은" 핀다고 했다. 이 한 구절만으로도 우리의 내부에 존재하는 경험을 일깨워 재경험하게 만들고 있다. 목련꽃 아래 친구들이 모여 봄의 향연을 "환하게 사진"으로 남기고 있을 때, 시인은 삶과 죽음의 본질을 느낀다. "꽃을 닮아/몸 속 깊숙이 꽃기운을 들인/목련 가지 하나/빈자리 그의 이름으로" 서있는 광경을 상상해보라. 우주 속에서 시인의 새로운 이 발견을 보라. 살아있는, 그래서 봄날 함께 사진을 찍는 다른 친구들은 잊었을지 모르지만 시인은 "목련 가지 하나/빈자리 그의 이름으로" 불러 세워 먼저 세상을 떠난 친구를 살려내고 있다. 그래서 봄볕이 고마워 "두 손으로 받"는 것이다. "어머니를 기다리는 시간은 늘 추웠"지만 "추위 절은 등 뒤로 쏟아지는/봄볕은 공평"(「춘분」)함을 깨닫는 것이다.

> 바람이 이렇게 단맛인줄 몰랐습니다
> 여백 없이 숨차고 메마른 세상을 사는 동안
> 몸을 아꼈어야 했는데
> 굴참나무 신갈나무 쪽동백 층꽃
> 처음 듣는 이름의 꽃과 나무들
> 점잖은 산이 차례로 반겨줍니다
> 숲 속에 길을 내고
> 사랑하는 이들의 이름을 붙여봅니다
> 계곡에선 어릴 적 친구들 멱 감는 소리가 높고
> 눈부신 햇살 저쪽 어머니가 보입니다
> 날마다 다녀가시는 은혜로운 손길에
> 차츰 나무처럼 살이 오르고
> 날개가 곧 돋으려나 봐요
>
> 그리움에도 더하고 덜함이 있느냐고 묻던
> 그 사람 문득 숲으로 갔습니다
> 숲길에 목숨을 걸어놓은 그에게
> 그리움 더한 답장을 보내야겠습니다
> 간절한 침묵으로
>
> ―「숲속 편지」 전문

방지원의 시를 읽으면서 다시 한 번 하이데거의 말을 떠올린다. 하이데거는 휠더린을 옹색한 시대의 시인 가운데서도 선각자라고 말했다. 그러면서 "선각자의 말이 미래에 찾아들 때라야만 진정 미래라는 시대는 제대로 현재에서 살게 된다"고 했다. 단, 찾아드는 미래가 순수하면 순수할수록 미래는 현재에서 제대로 살게 될 뿐만 아니라 미래에까지 오래도록 목숨을 누리게 된다고 전제했다. 내가 이 말을 떠올리는 것은 물론 하이데거가 휠더린을 떠받치듯 방지원의 시를 떠받치자는 의도는 아니다. 다만 방지원의 이 시가 내포하고 있는 순수한 미래지향이 현재에 살아 숨 쉬고 있음에 공감하기 때문이다. 또한 열린 세계를 향하여 내뿜는 존재의식과 성찰, 바로 이것이 방지원 시인의 장점임이 확실하기 때문이다.

바람은 모든 생명의 숨 쉬기와 더불어 정신을 상징한다. 성서에서 바람은 성령을 전달하는 중요한 매개체가 되기도 한다. 그런가 하면 가슴 가득 숨 쉬는 "아침의 자극적인 바람"(베를레느, 「사투르누스 시편」)이나 폴 발레리의 "바람이 인다! 살려고 해야 한다! 거대한 바람이 내 책을 펼치고 또 덮는다"(「해변의 묘지」)고 노래한 바람도 있다.

그렇다면 "세상은 온통 바람이어서/바람인 줄 모르는 것들"(「바람의 얼굴로」) 속에서 "바람이 이렇게 단맛인줄 몰랐다"고 노래하는 방지원 시인의 "바람"은 무슨 의미일까. 그것은 아마도 "여백 없이 숨차고 메마른 세상을 사는 동안" 제대로 느껴보지 못했던 감정이 열려진 순수한, 열광의 감지가 아닐까. 그러기에 "숲속에 길을 내고/사랑하는 이들의 이름을 붙여"보는, 닫힌 세계가 아닌 열린 세계로서의 "숲길"의 이미지는 "차츰 나무처럼 살이 오르고/날개가 곧 돋으려"는 미래의 현재화로 과감한 대치가 가능한 게 아닐까.

  아울러 이 시에서 주목할 점 하나는 "그리움에도 더하고 덜함이 있느냐고 묻던/ 그 사람"이다. 왜냐하면 "숲으로" 가서 "숲길에 목숨을 걸어놓은 그"는 시인의 마음의 여백 속에 자리하고 있는 "바람"의 또 다른 이름이기 때문이다.

> 두물머리에 나가 보았네
> 할 말 많이도 남겨놓고
> 이만 총총 가버린 사람
> 눈부신 물비늘 속에 숨었는지, 감감
> 강은 늘 한 문장이네
>
> 편백나무 훤칠한 산속이거나
> 솔잎 다보록한 숲길에 들면
> 소스라치게 들리던 하늘 높은 소리
> 용케 미리 당도한
> 그의 안부라 믿었네
> 한 가지 언어만 알던
>
> 언제부터였나
> 그를 들을 수 없는 것이

물비늘도 햇살 비끼면 더 곱고
멀어진 그리움은 더 화사한가
문득 생각이 삐죽한 날
그 소리 찾아 나서보네

─「까치 소리」전문

시 「숲속 편지」에서 "그"를 그리워하고 있는 장소가 "숲'이라면, 이 시에서는 "강"이다. 「숲속 편지」에서 "그리움에도 더하고 덜함이 있느냐고 묻던 그 사람"은 이 시에서 "할 말 많이도 남겨놓고 이만 총총 가버린 사람"이다. 「숲속 편지」에서 "간절한 침묵으로" "그리움 더한 답장을 보내야겠"다고 마음먹는 "그 사람"이, 이 시에서는 "눈부신 물비늘 속에 숨었는지, 감감"하여 "문득 생각이 삐죽"하게 고개를 든다. 어느 쪽이 더 간절하냐는 물음은 무의미하다. 왜냐하면 "그가 남긴 세상은/벌써 그를 아득해하고"(「그러니까 그게 마지막이었네」) 있으니까.

다만, 시인의 서정적 자아가 「숲속 편지」에서는 촉각적 이미지에 의존하고 있다면, 이 시에서는 청각적 이미지가 두드러진다는 점, 그리고 「숲속 편지」에서의 "침묵"은 이 시에서 "까치 소리"를 매개로 한 "그"에 대한 현현을 보고자 한다는 점이 서로 다름을 보여주고 있을 뿐, 그리움의 대상이나 감정은 동일하다. 특히 이 시의 핵심은 "뼛속 깊이/혈관 속까지 차지하고 들앉은/그"(「사무친다는 것은」)의 소리가 "소스라치게 들리던 하늘 높은 소리"인 바, 이 소리는 까치 소리임에도 불구하고 단순한 까치 소리로 처리하지 않고 "용케 미리 당도한/그의 안부"로 치환시켰다는 점에서 코제브니코바가 말한 '잠정적인 이중성'을 모두 포함하고 있다. 코제브니코바는 블로크의 시를 이 '잠정적인 이중성'이란 말로 정의했는데, 즉, "블로크의 서정시의 일관적인 모티프와 이미지들의 특성은 그것들이 잠정적으로 이중적이며, 또한 서로서로에게 대립적인 현현 속에서 드러날 수 있다는 데 존재한다. 예를 들어 비상은 위를 향한 지향의 상징일 경우도 있고 추락의 상징일 경우도 있으며 꿈은 진정한 삶의 상징일 수도 있고 죽음의 상징일 수도 있다".(석영중, 『러시아 현대시학』)

결론적으로 방지원의 네 번째 시집 시편들은 "절벽의 고요"(「유리 상자」) 속에서도 죽음과 삶의 존재가 시인의 내적 감성을 지배하고 있음을 보여준다. 시 전편에서의 '열린 세계'는 시인의 존재 인식과 탐구, 그리고 삶에 대한 명상과 성찰에 기인하고 있다. 마치 "갑자기 문이 열리고/사라져가는 빛이 몰려든다"는 블로크의 시처럼.

방지원

서울 출생. 한국문인협회 이사, 국제펜클럽한국본부, 한국시인협회, 한국가톨릭문인회, 숙명여대문인회, 청송시인회, 강남시문학회, 해바라기 회원.
시집 『한 고슴도치의 사랑』, 『비단 슬리퍼』, 『달에서 춤을』 출간.

열린시학 기획시선 65

짝사랑은 아닌가봐

초판 1쇄 인쇄일 · 2012년 09월 20일
초판 1쇄 발행일 · 2012년 10월 04일

지은이 | 방지원
펴낸이 | 노정자
펴낸곳 | 도서출판 고요아침
편 집 | 김남규

출판 등록 2002년 8월 1일 제 1-3094호
120-814 서울시 서대문구 북가좌동 328-2 동화빌라 102호
전화 | 302-3194~5
팩스 | 302-3198
E-mail | goyoachim@hanmail.net
홈페이지 | www.dabook.net

ISBN 978-89-6039-465-0(04810)

* 책 가격은 뒤표지에 표시되어 있습니다.
* 지은이와 협의에 의해 인지는 생략합니다.
* 잘못된 책은 교환해 드립니다.

ⓒ 방지원, 2012